xikolo - koulu	2
kufamba - matka	5
swilo swo famba - kuljetus	8
doroba - kaupunki	10
ndhawu - maisema	14
rhesiturente - ravintola	17
xitolo le xikulu swinene - supermarketti	20
swakunwa - juomat	22
swakudya - ruoka	23
purasi - maatila	27
yindlu - talo	31
kamara ro tshama - olohuone	33
khishini - keittiö	35
kamara yo hlambela - kylpyhuone	38
kamana ya vana - lastenhuone	42
swiambalo - vaatteet	44
hofisi - toimisto	49
ikhonomi - talous	51
mintirho - ammatit	53
switirhisiwa - työkalut	56
swichayachayana - soittimet	57
ntanga wa swiharhi - eläintarha	59
mintlango - urheilu	62
mintirho - aktiviteetit	63
ndyanghu - perhe	67
miri - vartalo	68
xibedlhele - sairaala	72
xihatla - hätätilanne	76
Misava - maa	77
xikomba-nkarhi - kello	79
viki - viikko	80
lembe - vuosi	81
swivumbeko - muodot	83
mevala - värit	84
swo hambana - vastakohdat	85
nomboro - numerot	88
tindzimi - kielet	90
mani / yini / njhani - kuka / mitä / miten	91
eka - missä	92

Impressum
Verlag: BABADADA GmbH, Nedderfeld 112 , 22529 Hamburg
Geschäftsführer / Verlagsleitung: Harald Hof
Druck: Books on Demand GmbH, In de Tarpen 42, 22848 Norderstedt

Imprint
Publisher: BABADADA GmbH, Nedderfeld 112 , 22529 Hamburg, Germany
Managing Director / Publishing direction: Harald Hof
Print: Books on Demand GmbH, In de Tarpen 42, 22848 Norderstedt

xikolo
koulu

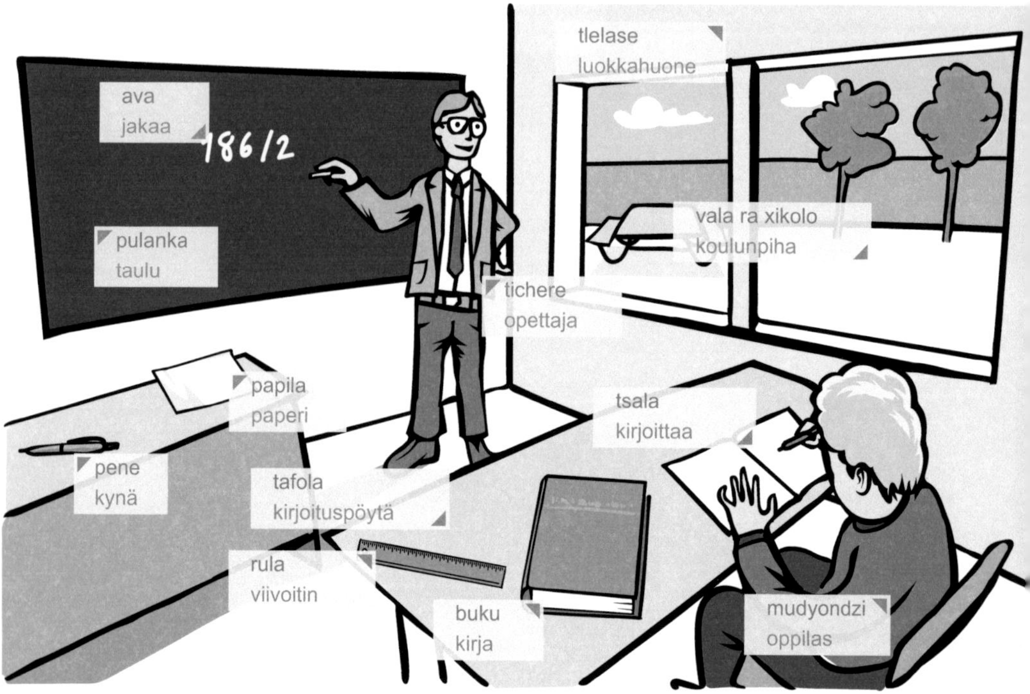

tlelase
luokkahuone
ava
jakaa
186/2
pulanka
taulu
vala ra xikolo
koulunpiha
tichere
opettaja
papila
paperi
tsala
kirjoittaa
pene
kynä
tafola
kirjoituspöytä
rula
viivoitin
buku
kirja
mudyondzi
oppilas

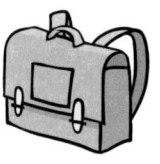

xinkwamana

reppu

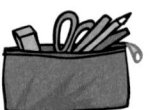

bokisi ra tipensele

penaali

pensele

lyijykynä

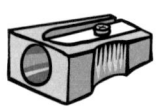

muchini wo vatla tipensele

kynänteroitin

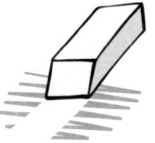

rhaba

pyyhekumi

papilo ro dirowa

piirustuslehtiö

xifaniso lexi diroweke

piirustus

burachi ro penda

pensseli

bokisi ro penda

vesivärit

xikero

sakset

xidamarheti

liima

buku ya xikolo

harjoituskirja

ntirho wa le kaya

kotitehtävä

nombhoro

luku

engeta

lisätä

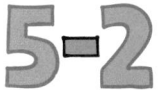

susa

vähentää

andzisa

kertoa

hlaya

laskea

letere

kirjain

maletere

aakkoset

rito

sana

rungula

teksti

hlaya

lukea

choko

liitu

dyondzo

oppitunti

tsarisa

opettajan muistikirja

xikambelo

koe

xitifiketi

todistus

swiambalo swa xikolo

koulupuku

dyondzo

koulutus

nsonga-vutivi

sanakirja

univhesiti

yliopisto

makhiriskopu

mikroskooppi

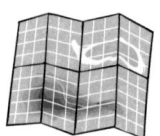

mepe

kartta

xikotela xo lahla maphepha

roskakori

kufamba
matka

hotele
hotelli
Grand
hositele
retkeilymaja
ROOMS
EXCHANGE
ndhawu yo cinca mali
rahanvaihto
putumendhe
matkalaukku
movha
auto

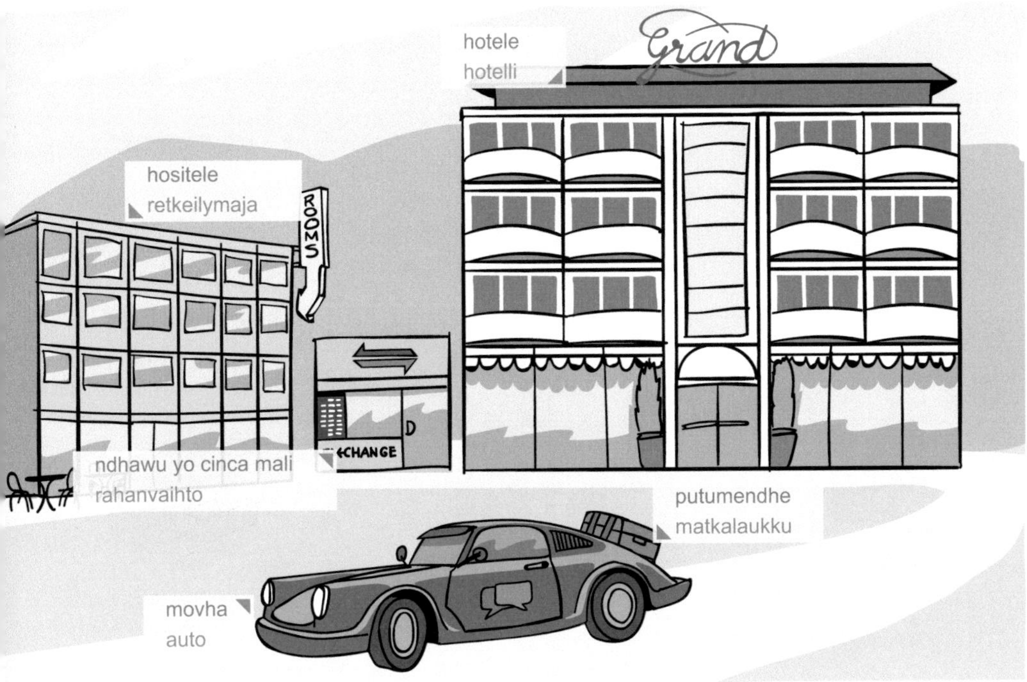

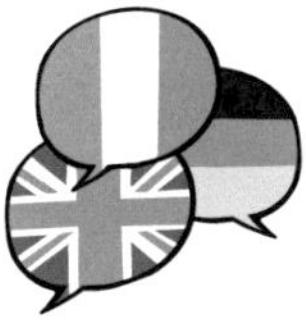

ririmi
kieli

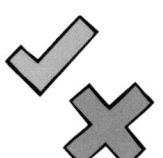

ina / e-e
kyllä / ei

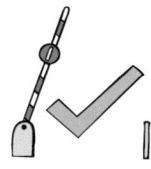

Swikahle
selvä

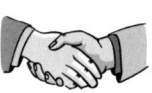

ahe
hei

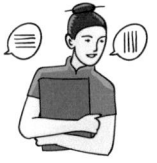

muhundzuluxeri
tulkki

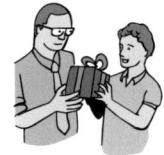

Ndza khensa
kiitos

ivungani…?

Paljonko...maksaa?

Andzi twisisi

en ymmärrä

nkinga

ongelma

Riperile!

Hyvää iltaa!

Maxelo ya kahle!

Hyvää huomenta!

Vusiku bya kahle!

Hyvää yötä!

sala kahle

näkemiin

nkongomiso

suunta

mindzhwalo

matkatavarat

nkwama

laukku

nkwama

reppu

muendzi

vieras

kamara

huone

nkwama wo etlela

makuupussi

tende

teltta

vuxokoxoko bya vaendzi

turisti-info

ribuwa

ranta

khadi ra xikweleti

luottokortti

xifihlulo

aamupala

swakudya swa ninhlekani

lounas

swakudya swa nimadyambu

päivällinen

thikithi

matkalippu

kheshe

hissi

xitempe

postimerkki

ndzilakana

raja

mikhuva

tulli

hovisi ya vuyimeri ya tiko

suurlähetystö

visa

viisumi

pasi ro endza

passi

swilo swo famba

kuljetus

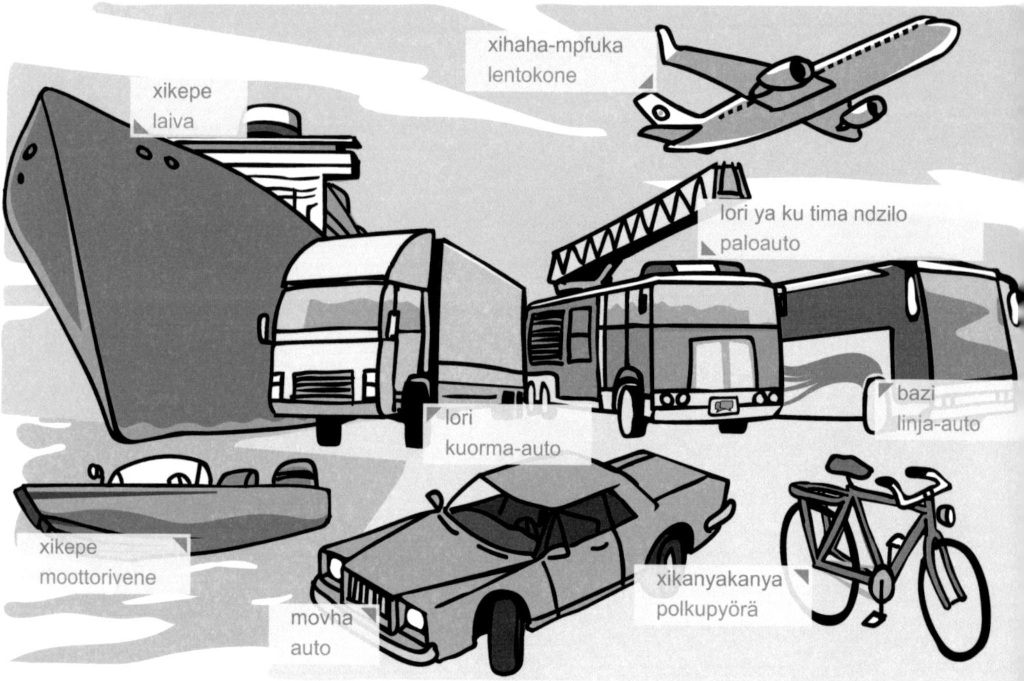
xihaha-mpfuka
lentokone
xikepe
laiva
lori ya ku tima ndzilo
paloauto
bazi
linja-auto
lori
kuorma-auto
xikepe
moottorivene
xikanyakanya
polkupyörä
movha
auto

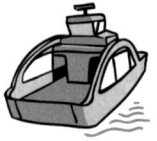

xikepe

lautta

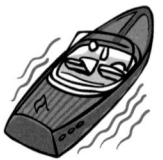

xikepe

vene

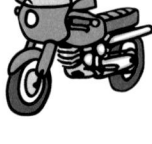

xithuthuthu

moottoripyörä

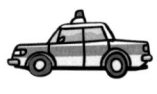

movha wa maphorisa

poliisiauto

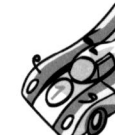

movha wa mphikizano

kilpa-auto

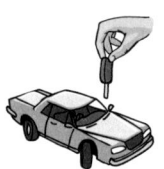

movha yo lombiwa

vuokra-auto

ku avelana hi movha

car sharing

lori yo koka timovha

hinausauto

lori yo rhwala chaka

roska-auto

njhini

moottori

mafurha

polttoaine

ndhawu yo xavisa petirolo

huoltoasema

mpfungo wa le patwini

liikennemerkki

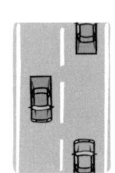

mafambelo ya mimovha

liikenne

ntlimbano wa timovha

ruuhka

phaki ya timovha

parkkipaikka

xitichi xa xitimela

rautatieasema

mintila

raiteet

xitimela

juna

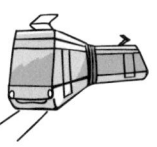

banzi leri fambaka
exiporweni

raitiovaunu

kalichi

vaunu

xihaha-mpfuka-phatsa

helikopteri

rivala ra siwhaha-mpfuka

lentokenttä

xihondzo

lähilennonjohto

mukhandziyi

matkustaja

bokisi

kontti

bokisi

pahvilaatikko

kalichi

kärryt

xirhundzi

kori

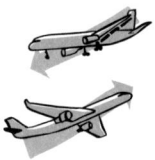

suka / tshama

nousta / laskea

doroba
kaupunki

muti

kylä

nkava wa doroba

keskusta

yindlu

talo

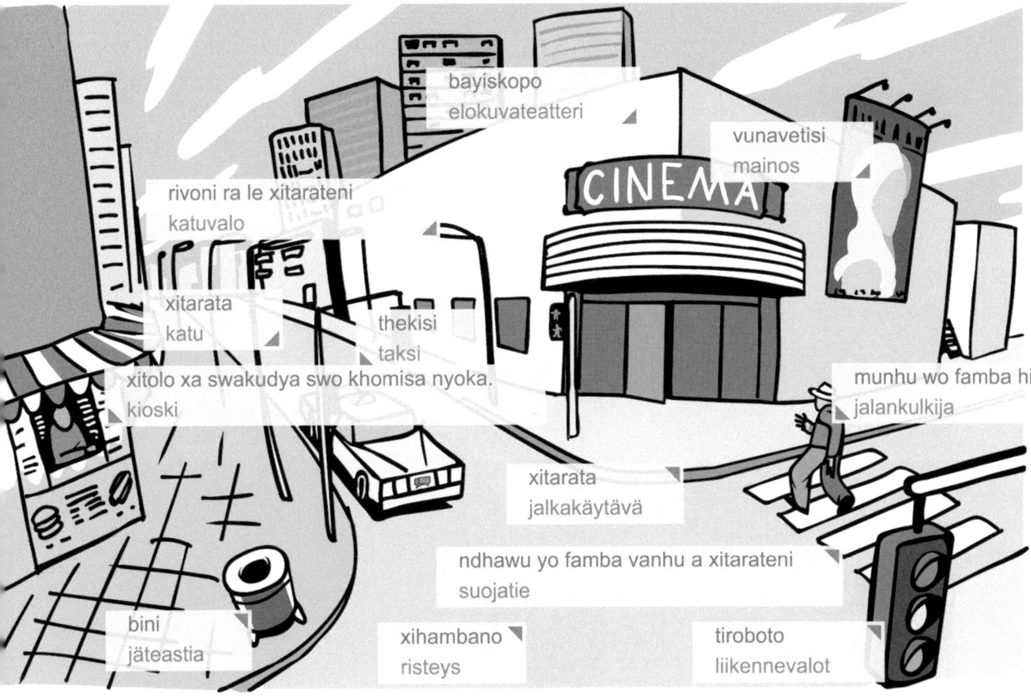
bayiskopo
elokuvateatteri
vunavetisi
mainos
CINEMA
rivoni ra le xitarateni
katuvalo
xitarata
katu
thekisi
taksi
xitolo xa swakudya swo khomisa nyoka.
kioski
munhu wo famba hi
jalankulkija
xitarata
jalkakäytävä
ndhawu yo famba vanhu a xitarateni
suojatie
bini
jäteastia
xihambano
risteys
tiroboto
liikennevalot

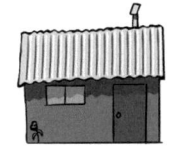

xiyindlwana xa byanyi

mökki

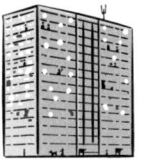

yindlu

kerrostalo

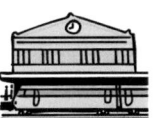

xitichi xa xitimela

rautatieasema

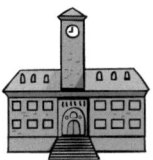

holo ya vanhu

kaupungintalo

MUSEUM

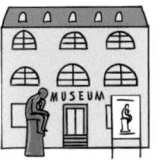

muziyamu

museo

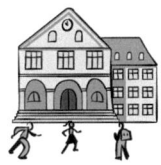

xikolo

koulu

univhesiti

yliopisto

bangi

pankki

xibedlhele

sairaala

hotele

hotelli

xitolo xa miri

apteekki

hofisi

toimisto

xitolo xa tibuku

kirjakauppa

xitolo

liike

xitolo xa swiluva

kukkakauppa

xitolo le xikulu swinene

supermarketti

makete

tori

xitolo le xikulu

tavaratalo

xitolo xa tinhlampfi.

kalakauppias

ndhawu ya switolo

ostoskeskus

hlaluko

satama

phaka

puisto

bence

penkki

buloho

silta

switepisi

portaat

ehansi ka misava

metro

muhocho

tunneli

xitichi xa tibanzi

linja-autopysäkki

barha

baari

rhesiturente

ravintola

bokisi ra poso

postilaatikko

mfungho wa xitarata

katukyltti

muchini wa mali ya ku phaka

parkkimittari

ntanga wa swiharhi

eläintarha

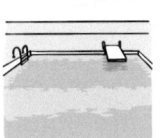

damu ro xambela

uimala

mosque

moskeija

purasi
maatila

nthyakiso
ympäristön saastuminen

masirha
hautausmaa

kereke
kirkko

rivala ra mintlangu
leikkikenttä

tempele
temppeli

ndhawu
maisema

tluka
lehti

mfungho wa gondzo
tienviitta

ndlela
tie

byanyi byo tala
niitty

ribye
kivi

munhu wo khandziya tintshava
retkeilijä

murhi
puu

nambu
joki

byanyi
ruoho

xiluva
kukka

nkova

laakso

xitsunga

vuori

tiva

järvi

khwati

metsä

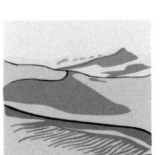

mananga

aavikko

volkheno

tulivuori

ntsinda

linna

nkwangulatilo

sateenkaari

swikowa

sieni

murhi wa nchindzu

palmu

nsuna

hyttynen

haha

kärpänen

vusokoti

muurahainen

nyoxi

mehiläinen

puma

hämähäkki

xifufunhunu

kovakuoriainen

chele

sammakko

maxindyana

orava

nhloni

siili

mfundla

jänis

xikhova

pöllö

xinyenyane

lintu

sekwa

joutsen

ngluve ya nhova

villisika

mhunti

peura

mhofu

hirvi

damu

pato

xipelupelu xa moya

tuulimylly

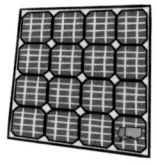

bodo leyi tswongaka kuhisa
ka dyambu

aurinkopaneeli

maxelo

ilmasto

rhesiturente
ravintola

muphameri
tarjoilija
nxaxamelo wa swakudya
ruokalista
xitulu
tuoli
sopo
keitto
pizza
pitsa
swibya
ruokailuvälineet
lapi ra tafula
pöytäliina

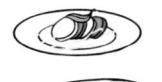

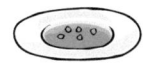

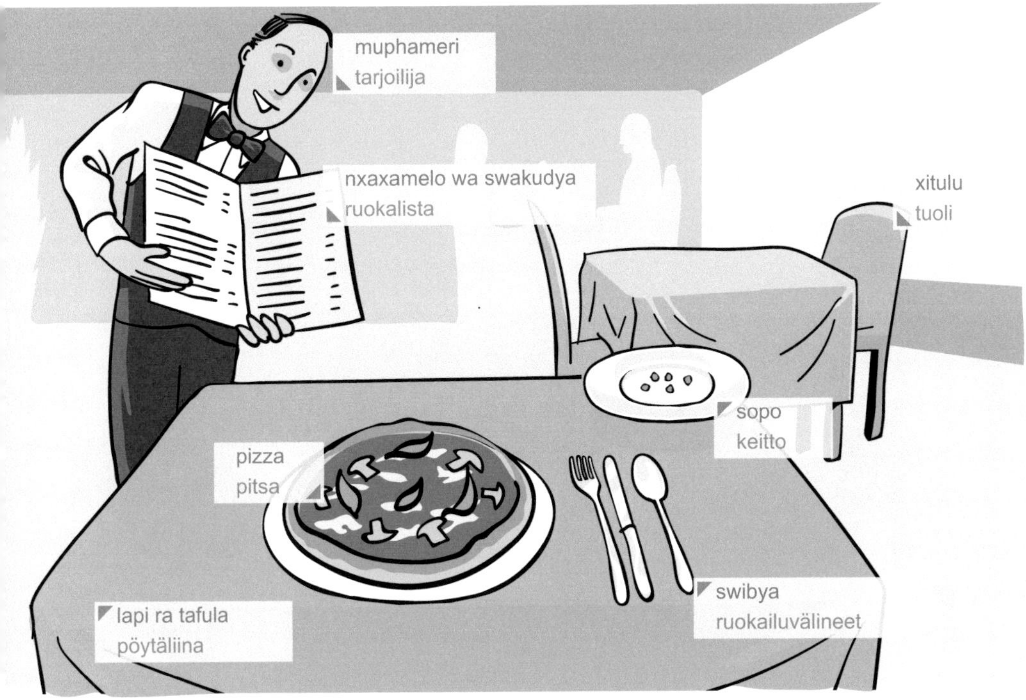

swakudya swa ku naveta

alkuruoka

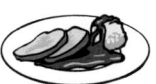

swakudya

pääruoka

swo rhelerisa

jälkiruoka

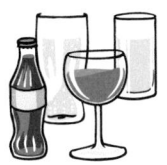

swakunwa

juomat

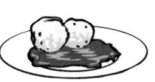

swakudya

ruoka

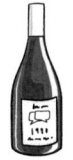

bodlhela

pullo

swakudya swa xihatla
pikaruoka

swakudya swa le ndleleni
katuruoka

mbita ya tiya
teekannu

xibye xa chukela
sokeriastia

xiphemu
annos

muchini wa espresso
espressokeitin

xitulu xa le henhla
syöttötuoli

swikweleti
lasku

thireyi
tarjotin

mukwana
veitsi

foroko
haarukka

lepula
lusikka

xilepulana
teelusikka

phepha ro sula nomu
servietti

nghilazi
lasi

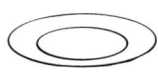

pleti

lautanen

pleti ya sopo

syvä lautanen

sosara

aluslautanen

murhu

kastike

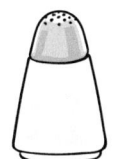

xilo xo chele munyu

suolasirotin

xilo xo gaya

pippurimylly

vhiniga

etikka

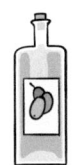

mafurha

öljy

swinyunyeteri

mausteet

ketchup

ketsuppi

mustard

sinappi

mayonasi

majoneesi

xitolo le xikulu swinene

supermarketti

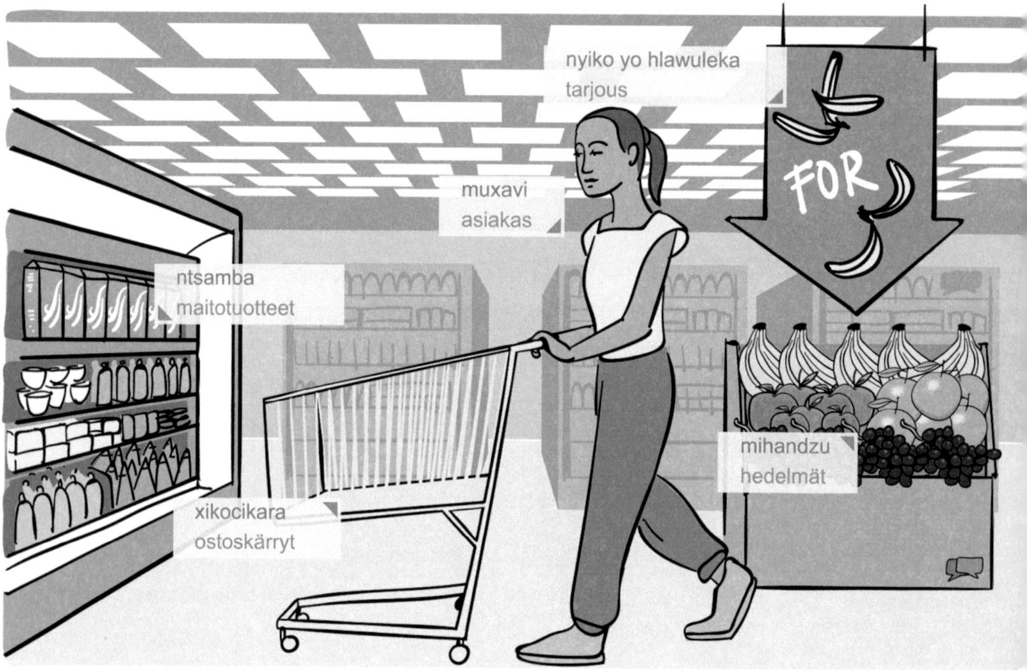

nyiko yo hlawuleka
tarjous
FOR
muxavi
asiakas
ntsamba
maitotuotteet
mihandzu
hedelmät
xikocikara
ostoskärryt

BUTCHERS

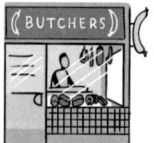

buchara

teurastamo

BAKERY

bekari

leipomo

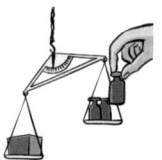

ringanyeta

punnita

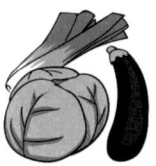

swimila

kasvikset

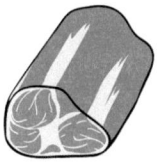

nyama

liha

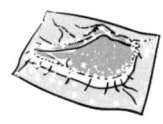

swakudya swo titimela

pakasteet

nyama
leikkele

swakudya leswi nga thinini
säilykkeet

mapa yo hlanswa
pesujauhe

malekere
makeiset

switirhisiwa swa le ndlwini
kotitaloustarvikkeet

swilo swo basisa
puhdistusaineet

munhu wo xavisa
myyjä

thili
kassa

muamukeli wa timali
kassanhoitaja

nxaxamelo wa swo xaviwa
ostoslista

nkarhi wa ku tirha
aukioloajat

nkwama wa mali
lompakko

khadi ra xikweleti
luottokortti

nkwama
kassi

nkwama wa pulasitiki
muovipussi

mati

vesi

ntsutsu

mehu

meleke

maito

coke

kokis

vhinyo

viini

byalwa

olut

byala

alkoholi

cocoa

kaakao

tiya

tee

kofi

kahvi

espresso

espresso

cappuccino

cappuccino

banana

banaani

apula

omena

lamula

appelsiini

kalabatla

meloni

swiri

sitruuna

kherotsi

porkkana

swinyalana

valkosipuli

musengele

bambu

nyala

sipuli

swikowa

sieni

timanga

pähkinät

makaroni ya nyama

spagetti

spaghetti

spagetti

rhayisi

riisi

saladi

salaatti

machipisi

ranskalaiset

nhlata wo katingiwa

paistetut perunat

pizza

pitsa

hamburger

hampurilainen

xinkwa

voileipä

cutlet

leike

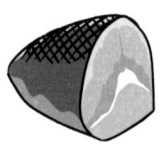

ham

kinkku

salami

salami

soseji

makkara

huku

kana

katinga

paisti

hlampfi

kala

oats
kaurahiutaleet

muesli
mysli

rivele-ndzoho
murot

filawa
jauho

bantsi
voisarvi

xinkwa
sämpylä

xinkwa
leipä

xinkwa xo oxiwa
paahtoleipä

makokisi
keksit

botere
voi

ribomba ra tswamba
rahka

khekhe
kakku

tandza
kananmuna

matandza lama katingiweke
paistettu kananmuna

chizi
juusto

ayisi khrimi

jäätelö

chukela

sokeri

vulombe

hunaja

jamu

hillo

botere ya chokoleti

suklaapähkinälevite

curry

curry

swakudya - ruoka

purasi
maatila

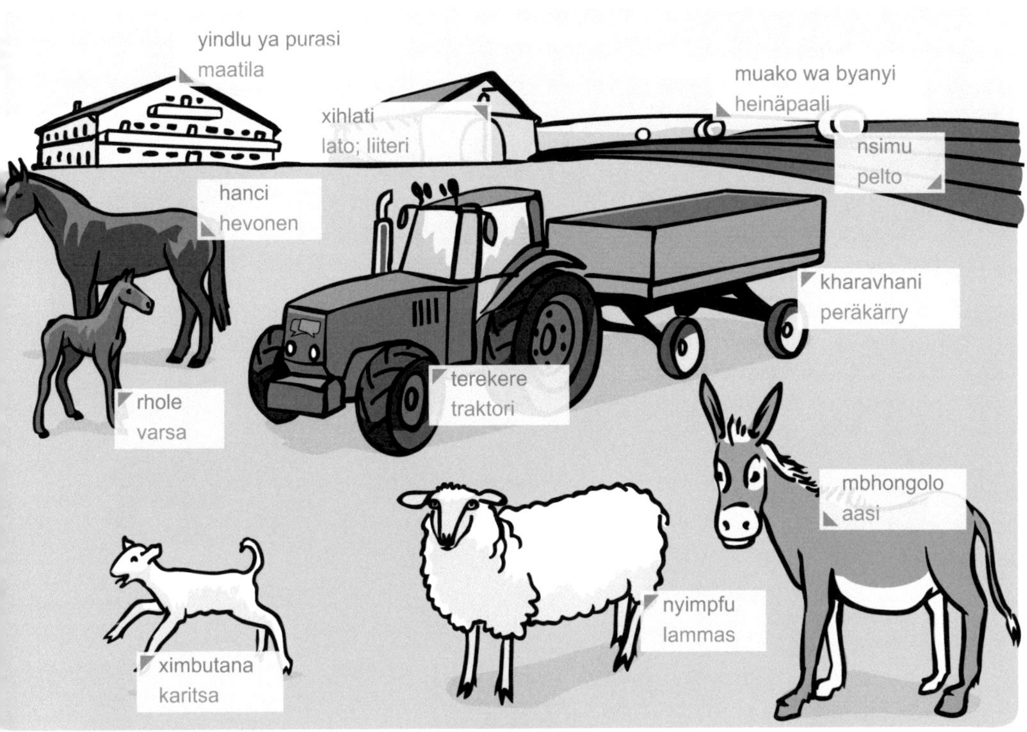

yindlu ya purasi
maatila
xihlati
lato; liiteri
muako wa byanyi
heinäpaali
nsimu
pelto
hanci
hevonen
kharavhani
peräkärry
terekere
traktori
rhole
varsa
mbhongolo
aasi
nyimpfu
lammas
ximbutana
karitsa

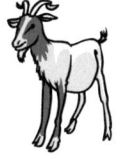

mhunti

vuohi

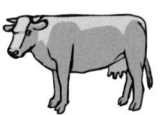

homu

lehmä

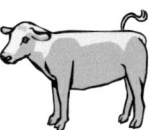

rhole

vasikka

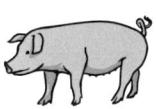

nguluve

sika

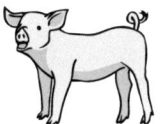

xingulubyana

porsas

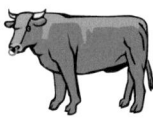

nkuzi

sonni

sekwa

hanhi

sweka

ankka

xikukwana

tipu

mbhaha

kana

nkuku

kukko

kondlo

rotta

ximanga

kissa

kondlo

hiiri

homu

härkä

mbyana

koira

yindlu ya mbyana

koirankoppi

payipi ya mati

puutarhaletku

xilo xo chelela mati

kastelukannu

nsimbi yo tsema

viikate

xikomu

aura

sikele

sirppi

xikomu

kuokka

foroko le yikulu

talikko

xihloka

kirves

bara

kottikärryt

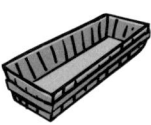

xitsengele

kaukalo

xilo xo chela ntswamba

maitokannu

saka

säkki

rirhangu

aita

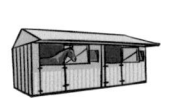

xivala

talli

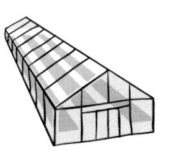

yindlu ya vuhlayiselo bya swimilana

kasvihuone

misava

maa

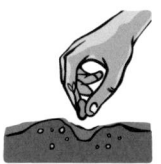

mbewu

siemen

swinonisi

lannoite

muchini wa ku tshovela

leikkuupuimuri

tshovela

kerätä sato

ntshovelo

sato

mintsumbula

jamssit

koroni

vehnä

tinyawa

soija

nhlata

peruna

koroni

maissi

rapeseed

rypsi

nsinya wa mihandzu

hedelmäpuu ·

ntsumbula

maniokki

swakudya swa tidzoho

vilja

yindlu
talo

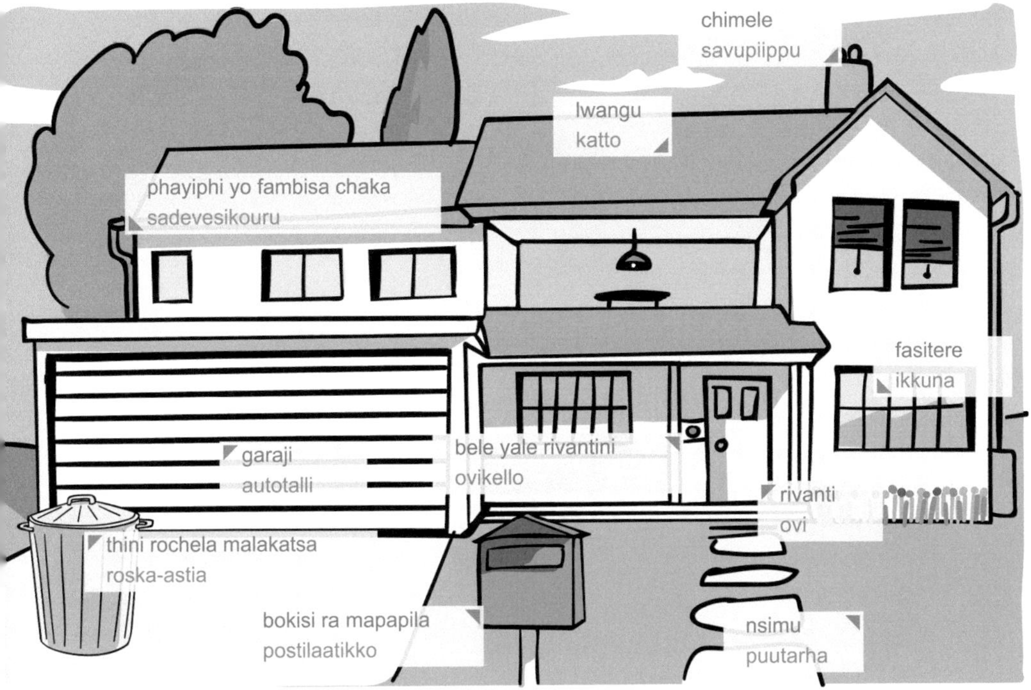
chimele
savupiippu
lwangu
katto
phayiphi yo fambisa chaka
sadevesikouru
fasitere
ikkuna
garaji
autotalli
bele yale rivantini
ovikello
rivanti
ovi
thini rochela malakatsa
roska-astia
bokisi ra mapapila
postilaatikko
nsimu
puutarha

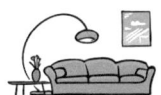

kamara ro tshama

olohuone

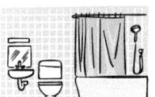

kamara yo hlambela

kylpyhuone

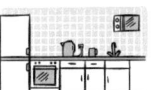

khishini

keittiö

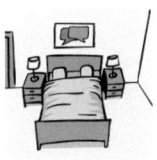

kamera ro etlela

makuuhuone

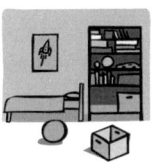

kamana ya vana

lastenhuone

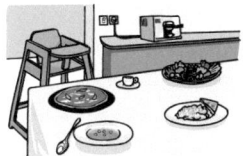

ndhawu yo dyela

ruokahuone

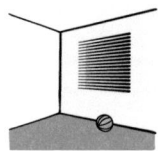

ehansi

lattia

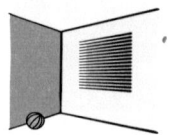

khumbi

seinä

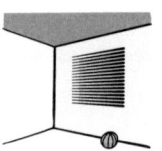

silingi

katto

kamera ra le hansi

kellari

phungula

sauna

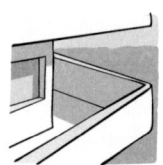

rikupakupa

parveke

tshala

terassi

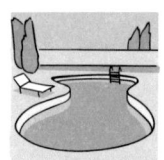

damu

uima-allas

muchini wo tsema byanyi

ruohonleikkuri

nkumba

lakana

swo andlalela mubedo

päiväpeitto

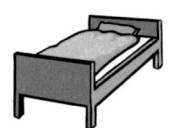

mubedo

sänky

nkukulu

harja

bakiti

ämpäri

swichi

katkaisin

kamara ro tshama
olohuone

phepha ra le khumbini
tapetti
xifaniso
kuva
rivoni
lamppu
xelufu
hylly
khabodo
kaappi
thelevhixini
televisio
xitiko
takka
xiluva
kukka
xikhengele
tyyny
sofa
sohva
mbita
maljakko
xilawula-kule
kaukosäädin

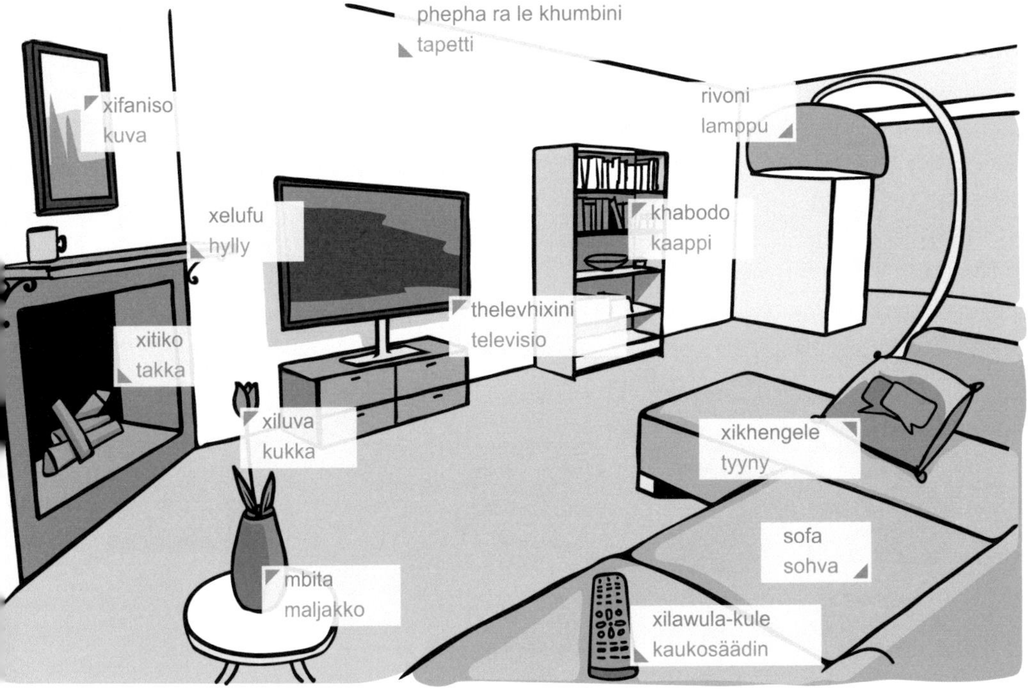

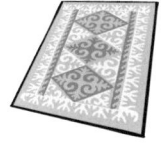

khapete

matto

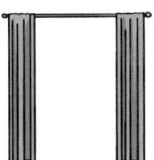

khethenisi

verho

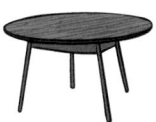

tafula

pöytä

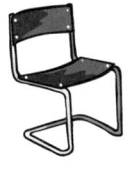

xitulu

tuoli

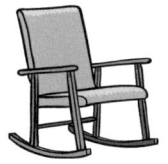

xitulu xo mbuwetela

keinutuoli

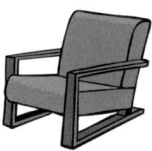

xitulu xo tlhandleka mavoko

nojatuoli

buku

kirja

nkumba

peitto

nkhaviso

koriste

tihunyi

polttopuut

filimi

elokuva

muchini wa hi-fi

stereot

xinotlelo

avain

phepha-hungu

sanomalehti

xifaniso lexi vatliweke

maalaus

bodo ya xifaniso

juliste

xiya-ni-moya

radio

buku yo tsala tinhla

muistivihko

hoover

pölynimuri

xiluva xa cactus

kaktus

khandlela

kynttilä

khishini
keittiö

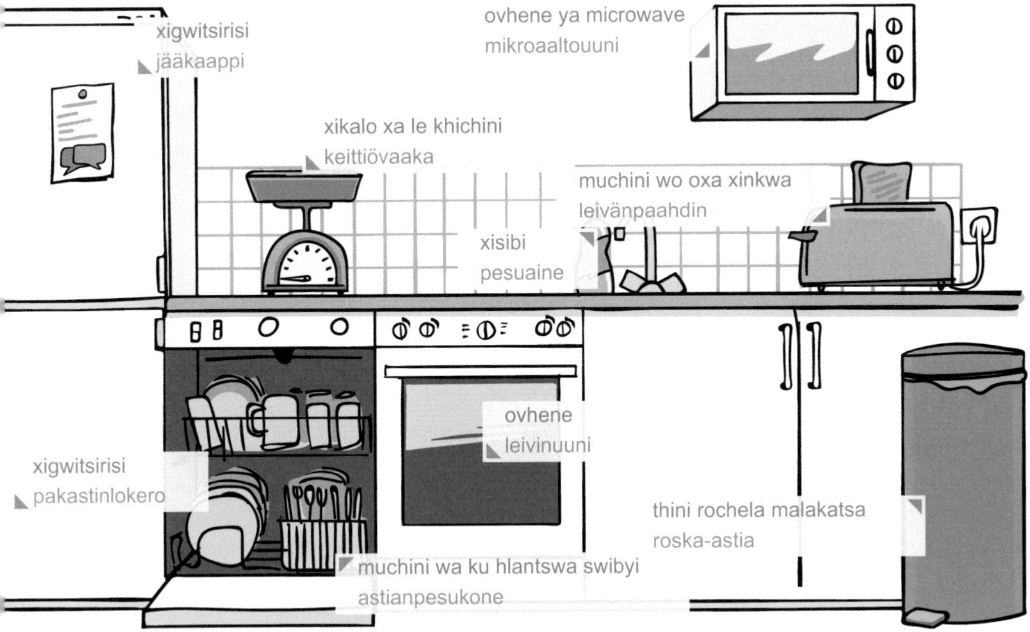

xigwitsirisi
jääkaappi
ovhene ya microwave
mikroaaltouuni
xikalo xa le khichini
keittiövaaka
muchini wo oxa xinkwa
leivänpaahdin
xisibi
pesuaine
ovhene
leivinuuni
xigwitsirisi
pakastinlokero
thini rochela malakatsa
roska-astia
muchini wa ku hlantswa swibyi
astianpesukone

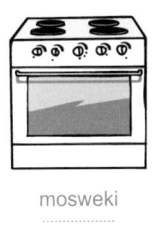

mosweki

liesi

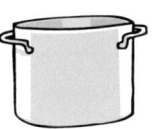

poto

kattila

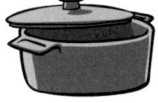

poto ra nsimbi

rautapata

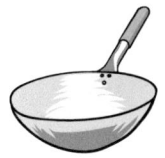

mbita yo swekela / kadai

vokkipannu / kadai-pannu

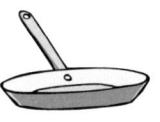

pani

paistinpannu

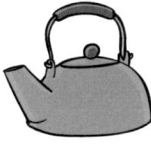

ketlele

teepannu

xo sweka hi nkahelo

höyrykeitin

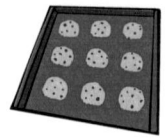

thireyi ya ku baka

uunipelti

swibya

astiat

xikomichana

muki

ximbitana

kulho

ti-chopstick

syömäpuikot

xipunu

kauha

spatula

paistinlasta

muchini wo hlanganisa

vispilä

sefo

siivilä

xisefo

siivilä

xilo xo tsemelela

raastin

xibye

mortteli

nyama yo oshiwa

grilli

ndzilo

avotuli

bodo ya ku tsemelela

leikkuulauta

mhandzi yo andlala fulawa

kaulin

xo pfula mabodlhela

korkinavaaja

thini

purkki

xo pfula mathini

purkinavaaja

xo khoma poto

pannulappu

zinki

lavuaari

buracha

tiskiharja

xiponci

pesusieni

xilo lexi hlanganiselaka

tehosekoitin

xigwitsirisi

pakastin

bodlhela ra n'wana

tuttipullo

pompi

vesihana

kamara yo hlambela
kylpyhuone

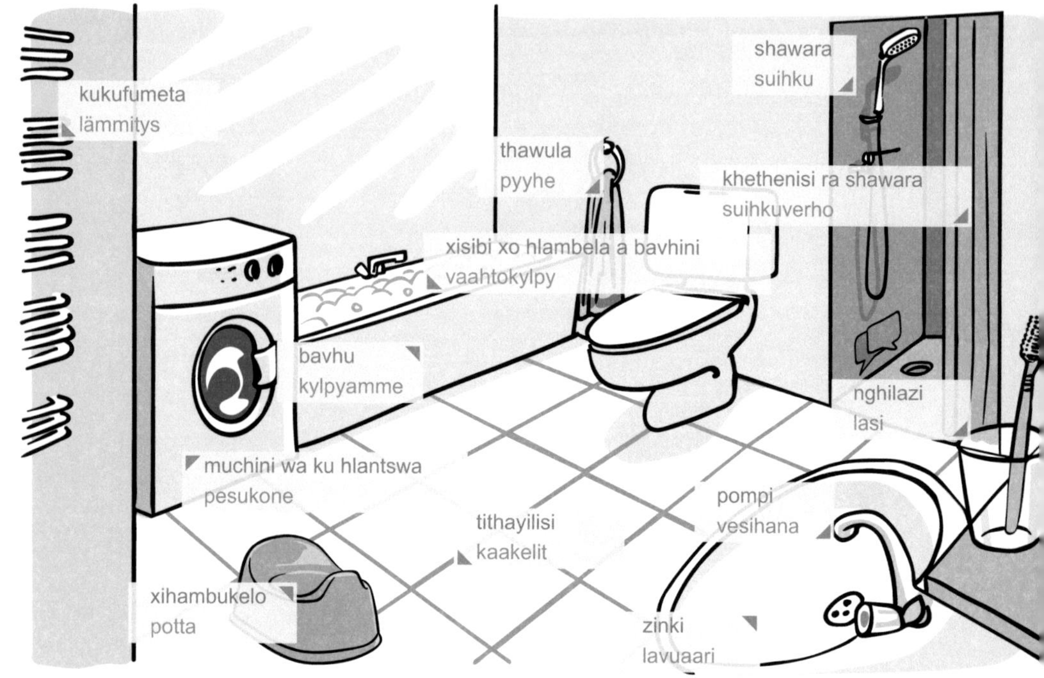

kukufumeta
lämmitys

shawara
suihku

thawula
pyyhe

khethenisi ra shawara
suihkuverho

xisibi xo hlambela a bavhini
vaahtokylpy

bavhu
kylpyamme

nghilazi
lasi

muchini wa ku hlantswa
pesukone

pompi
vesihana

tithayilisi
kaakelit

xihambukelo
potta

zinki
lavuaari

xihambukelo
vessa

xihambukelo
kyykkyvessa

bidet
bidee

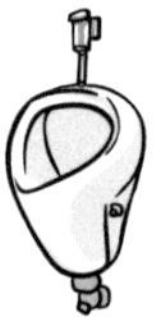

ndhawu yo tsakamisela
pisuaari

papila ra xihambukelo
vessapaperi

burachi bya xihambukelo
vessaharja

burachi bya meno

hammasharja

xisibi xa meno

hammastahna

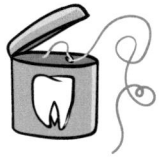

xo basisa exikarhi ka meno

hammaslanka

hlamba

pestä

xawara yo khomiwa hivoko

käsisuihku

douche

intiimisuihku

xihlambelo

pesuvati

buracha ra nhlana

selkäharja

xisibi

saippua

xisibi xa xawara

suihkugeeli

shampoo

shampoo

swilapana

pesulappu

xinambyana

viemäri

rivomba

voide

xinhuherisi

deodorantti

xivoni

peili

xivoni xo khomiwa hivoko

käsipeili

rikarhi

partaveitsi

xisibi so susa malevu

partavaahto

mafurha ya kutola loku u
heta ku tsemeta malevu

partavesi

kama

kampa

buracha

harja

muchini wo omisa mosisi

hiustenkuivaaja

mafurha yo tola mosisi

hiuslakka

xo tisasekisa

meikki

xotota nomo

huulipuna

xo tota minwala

kynsilakka

kotoni

pumpuli

xo tsema minwala

kynsisakset

xinhuherisi

hajuvesi

nkwama wa le
xihambukelweni

kosmetiikkalaukku

nchuluko

jakkara

xikalo

vaaka

nguvu yo hlamba

kylpytakki

tiglovhu ta raba

kumihansikkaat

tampon

tamponi

thawula ra ku basisa

terveysside

xihambukelo xa le handle

kemiallinen wc

kamana ya vana
lastenhuone

alamu ya wachi
herätyskello
xo tlanga sa ku etlela
pehmolelu
movha ya ku tlangisa
leikkiauto
xokocokoco
helistin
yindlu ya swipopana
nukkekoti
nyiko
lahja

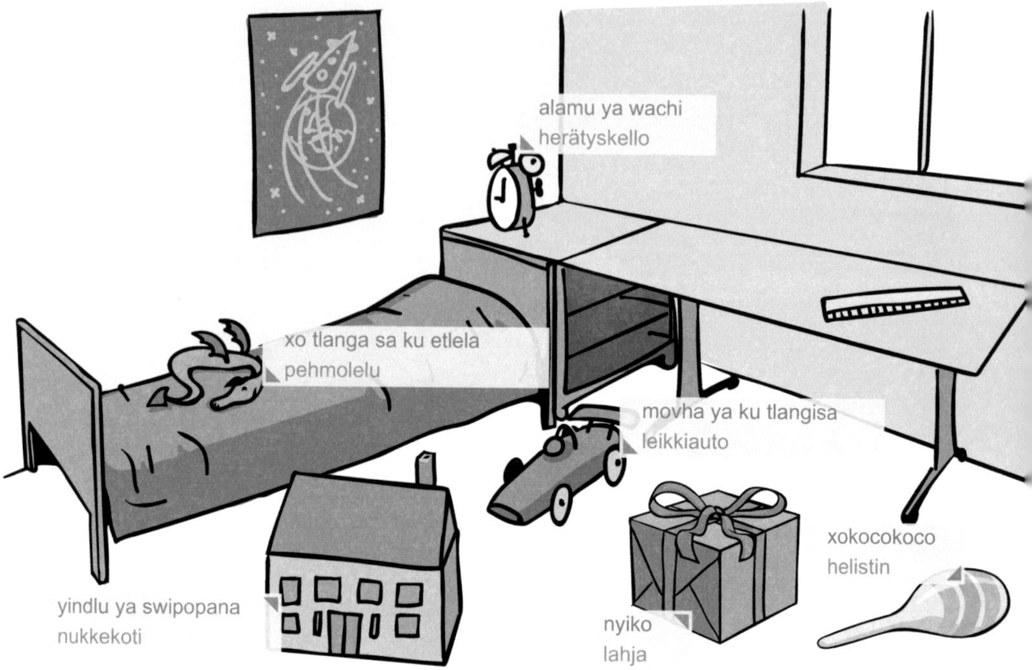

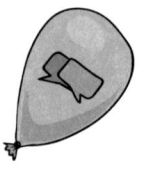

baluni
ilmapallo

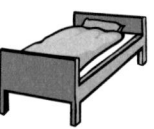

mubedo
sänky

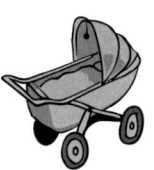

pureme
lastenvaunut

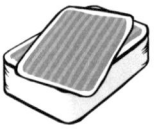

makhadi
korttipeli

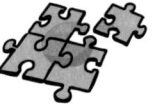

jigsaw
palapeli

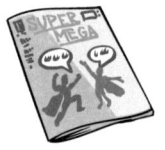

khomiki
sarjakuva

switina swa lego
legopalikat

swiaki
rakennuspalikat

xo tlanga xa vana
supersankari

swiambalo swa nwana
potkupuku

Frisbee
frisbee

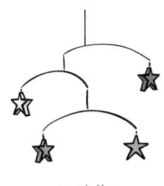

mobile
mobile

ntlango wa le bodweni
lautapeli

dayisi
noppa

xitimela xo tlanga
pienoisjunarata

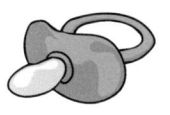

xo tlangisa vana
tutti

nkhuvo
juhlat

buku ya swifaniso
kuvakirja

bolo
pallo

xipopana
nukke

tlanga
leikkiä

khele ra sava

hiekkalaatikko

muchinginya

keinu

swilo swo tlangisa

lelut

mintlango ya vhidiyo

pelikonsoli

xithuthuthu xa mivhilwa manharhu

kolmipyörä

tibere to tlangisa

nalle

wadirobo

vaatekaappi

swiambalo
vaatteet

masokisi

sukat

masokisi

nylonsukat

buruku byo tlimba

sukkahousut

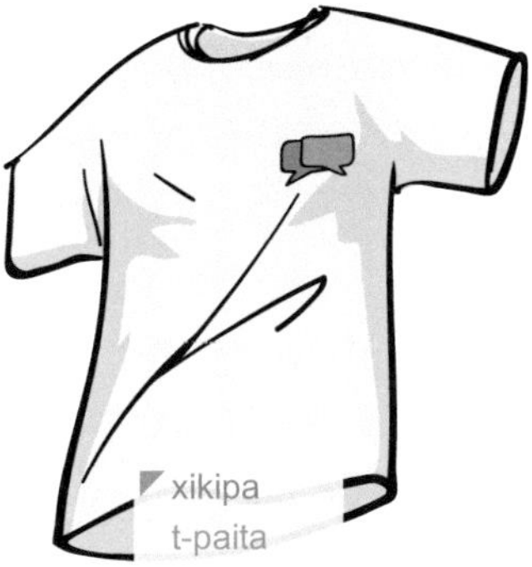

xikhafu
kaulaliina

bandhi
vyö

ambulele
sateenvarjo

xikipa
t-paita

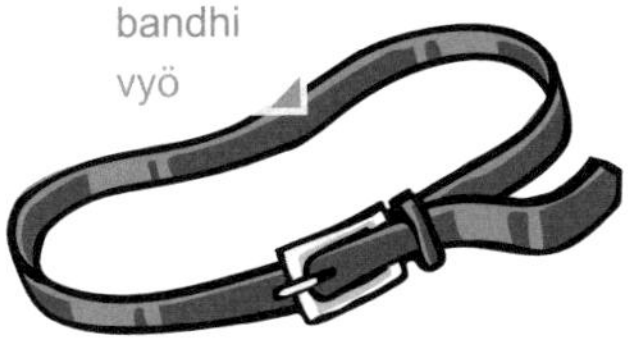

tintangu to tsutsuma
lenkkarit

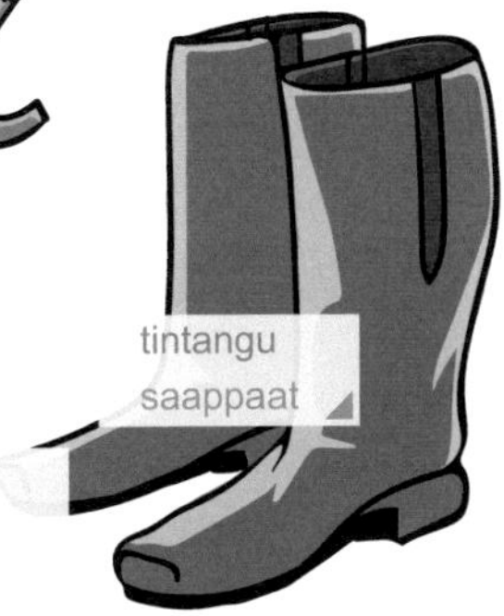

tintangu
saappaat

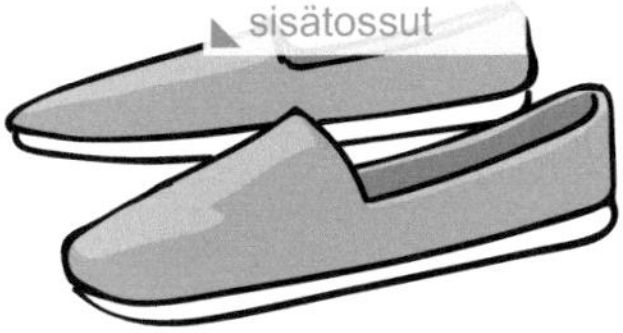

maphashana
sisätossut

maphashana

sandaalit

tintangu

kengät

majombo ya raba

kumisaappaat

maburuko ya le ndzeni

alushousut

bodi

rintaliivit

xikipa xa le ndzeni

aluspaita

miri

body

maburuko

housut

bokati

farkut

xiketi

hame

bulawusi

pusero

hembe

paita

jesi

villapaita

jazi ro fingeneta nhloko

collegepaita

buleyizara

jakku

baji

takki

nghuvo

takki

jazi rampfula

sadetakki

swiambalo

puku

swiambalo

mekko

rhoko ya mucato

hääpuku

sudu

puku

xiambalo xo etlela

yöpaita

swi ambalo swo etlela

pyjama

sari

shari

xikhafu

päähuivi

duku

turbaani

burqa

burka

swi ambalo

kaftaani

abaya

abaya

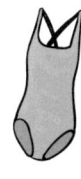

swiambalo swo hlambela

uimapuku

maburuko ya le ndzeni

uimahousut

buruku ro koma

shortsit

tracksuit

verkkarit

fasikoti

esiliina

maglilavhu

käsineet

kunupu

nappi

manghilazi ya mahlo

silmälasit

sindza

rannekoru

vuhlalu

kaulakoru

xingwaxila

sormus

vo sasekisa tindleve

korvakoru

kepisi

lippalakki

hangara ya nghuvo

ripustin

xigqoko

hattu

thayi

solmio

zipi

vetoketju

xihuku

kypärä

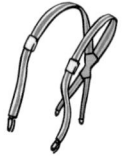

minxongotelo

henkselit

swiambalo swa xikolo

koulupuku

yunifomo

univormu

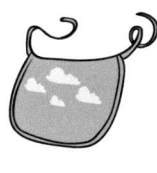

bibi

ruokalappu

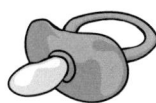

xo tlangisa vana

tutti

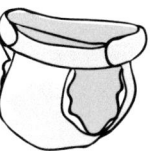

leyiri

vaippa

hofisi

toimisto

server
palvelin
khabodo yo beka tifayili
asiakirjakaappi
muchini wa ku kandziyisa
tulostin
papila
paperi
xikirini
näyttö
mouse
hiiri
tafola
kirjoituspöytä
xilo xo veka swiphephana
kansio
keyboard
näppäimistö
xikotela xo lahla maphepha
roskakori
khompyuta
tietokone
xitulo
tuoli

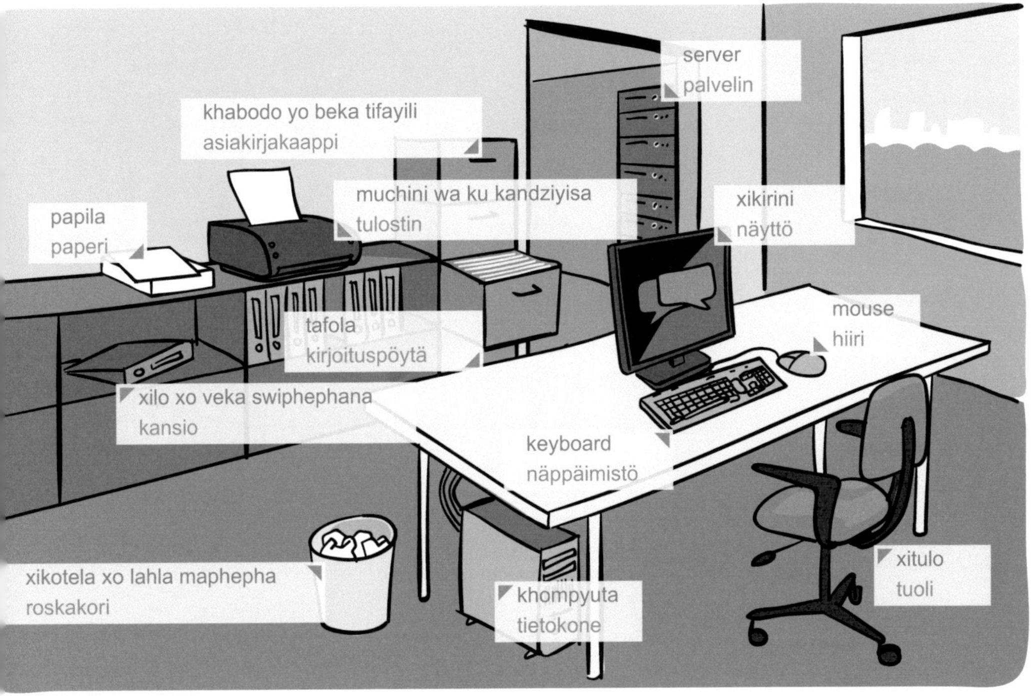

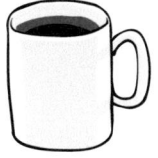

bikiri ra kofi

kahvimuki

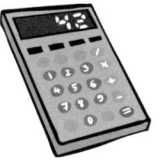

muchini wo hlaya

taskulaskin

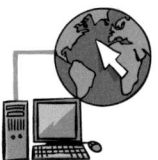

internet

internet

laptop

kannettava tietokone

papila

kirje

rungula

viesti

foni

kännykkä

network

verkko

muchini wo endla tikopi

kopiokone

progreme ya khompyuta

ohjelmisto

riqingho

puhelin

pulagi ya gezi

pistorasia

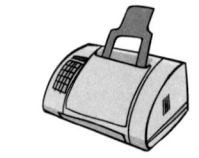

muchini wo rhumela rungula

faksi

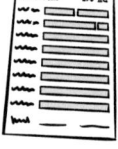

fomo

lomake

papila

asiakirja

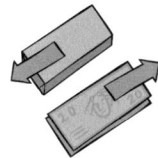

xava

ostaa

hakela

maksaa

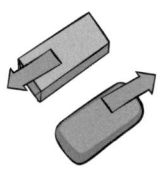

xavisa

vaihtaa

mali

raha

dolara

dollari

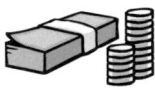

euro

euro

yen

jeni

rouble

rupla

Swiss franc

frangi

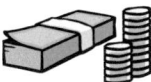

renminb yuan

renminbi juan

rupee

rupia

muchini wa mali

pankkiautomaatti

ndhawu yo cinca mali

rahanvaihto

nsuku

kulta

silivhere

hopea

mafurha

öljy

matimba

energia

hakelo

hinta

ntwanano

sopimus

xibalo

vero

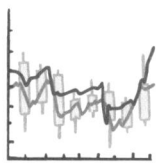

nundzu ya timali

osake

tirha

työskennellä

mutirhi

työntekijä

mothorhi

työnantaja

fektri

tehdas

xitolo

liike

mintirho
ammatit

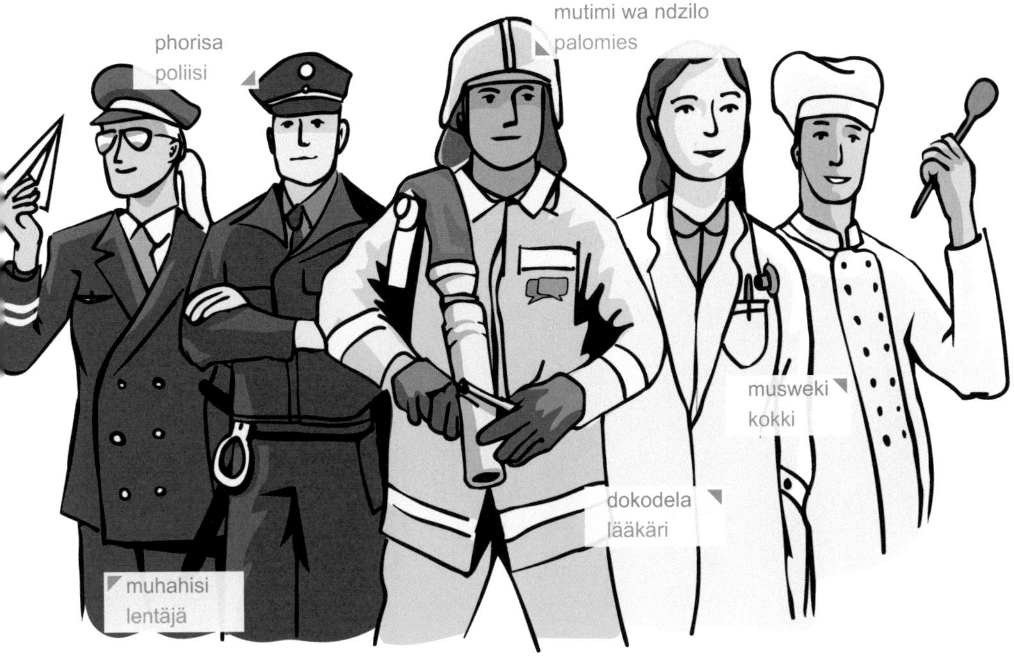
phorisa
poliisi
mutimi wa ndzilo
palomies
musweki
kokki
dokodela
lääkäri
muhahisi
lentäjä

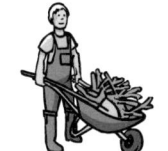

muhlayi wa ntanga

puutarhuri

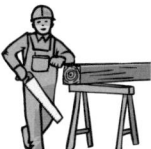

muvatli

puuseppä

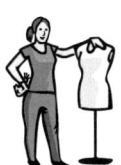

murungi

ompelija

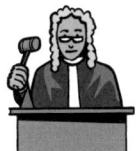

muavanyisi

tuomari

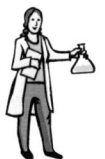

xitshunguri

kemisti

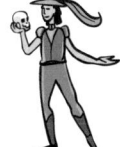

mutlangi

näyttelijä

muchaeri wa tibazi

linja-autonkuljettaja

muchayeri wa thekisi

taksinkuljettaja

muphasi wa tinhlampfi

kalastaja

wansati wa ku basisa

siivooja

mufuleri

katontekijä

muphameri

tarjoilija

muhloti

metsästäjä

mupendi

maalari

mubaki

leipuri

mutivi wagezi

sähköasentaja

muaki

rakentaja

munjiniyara

insinööri

muxavisi wa nyama

teurastaja

muplambara

putkiasentaja

muheleketi wa poso

postinjakaja

socha
sotilas

mumpfampfarhuti
arkkitehti

muamukeli wa timali
kassanhoitaja

muxavisi wa swiluva
floristi

mululamisi wa misisi
kampaaja

mufambisi
konduktööri

munhu wo lungisa timovha
mekaanikko

mulawuri
kapteeni

dokotela wa matinho
hammaslääkäri

mutivi wa sayensi
tiedemies

mufundisi
rabbi

murhangeri
imaami

nghwendza
munkki

mfundisi
pappi

switirhisiwa
työkalut

tangi
pihdit
hamele
vasara
xikurudurayivha
ruuvimeisseli
thochi
taskulamppu
xipanere
jakoavain

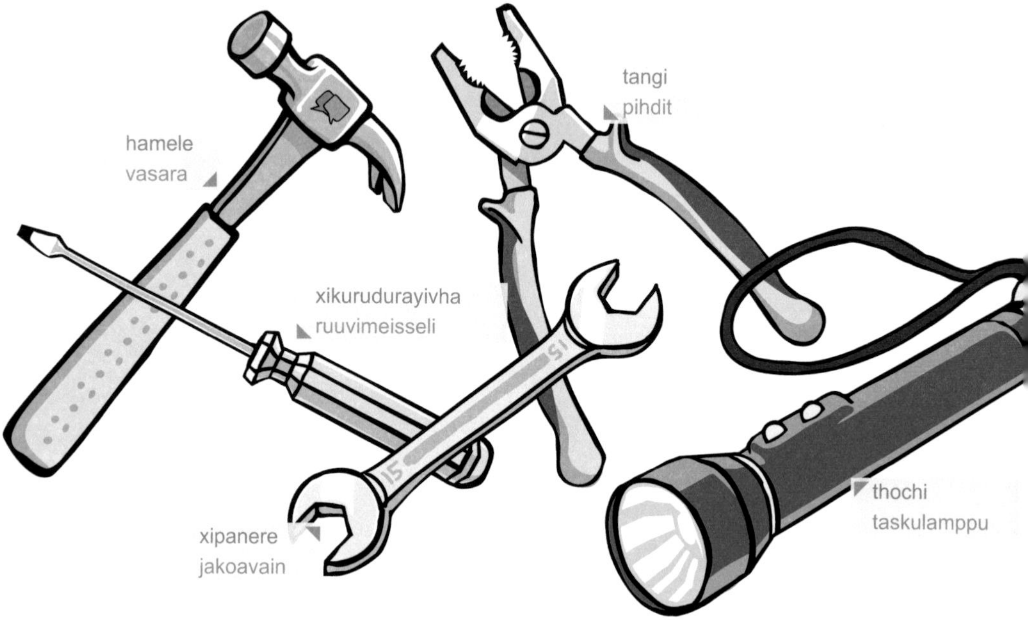

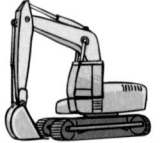

muchini wo cela

kaivinkone

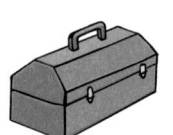

bokisi ra switirhisiwa

työkalupakki

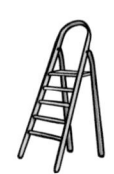

xitepisi

tikkaat

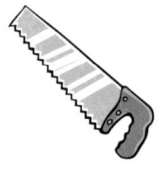

saha

saha

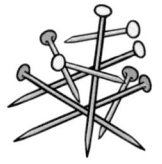

swipikiri

naulat

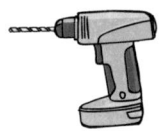

muchini wo boxa

pora

lunghisa

korjata

foxolo

lapio

Thyaka!

Hitto!

nchumu wo susa ritshuri

rikkalapio

mbita ya pende

maalipurkki

bawuti

ruuvit

swichayachayana
soittimet

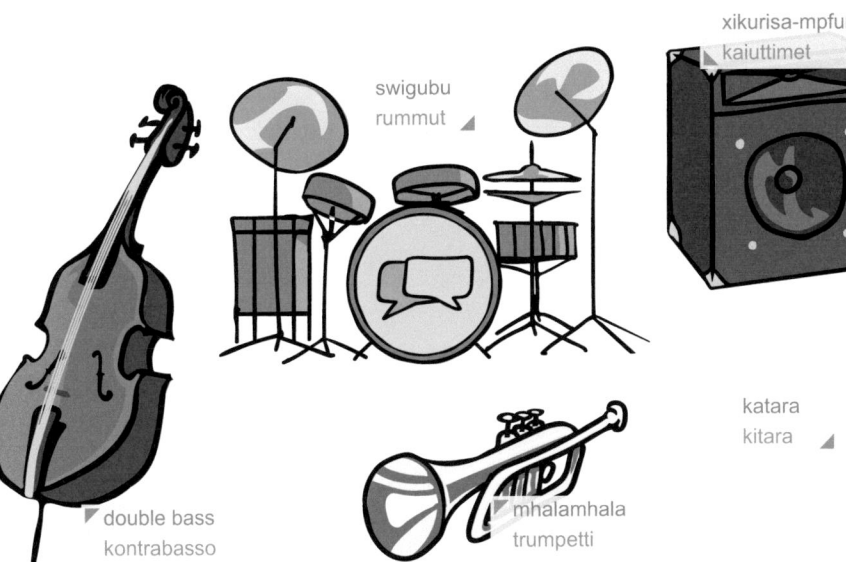

swigubu
rummut

xikurisa-mpfumawulo
kaiuttimet

katara
kitara

double bass
kontrabasso

mhalamhala
trumpetti

piyano

piano

violin

viulu

bass

basso

timpani

patarummut

xigubu

rumpu

keyboard

kosketinsoitin

saxophone

saksofoni

xitiringo

huilu

xikurisa-marito

mikrofoni

ndhawu ya ku nghena
sisäänkäynti

yingwe
tiikeri

hoko
häkki

mangwa
seepra

swakudya swa swiharhi
eläinten ruoka

panda
panda

swiharhi

eläimet

mhelembe

sarvikuono

ndlopfu

norsu

gorila

gorilla

xinjhenghwe

kenguru

bere

karhu

kamela
kameli

yintsha
strutsi

nghala
leijona

nkawu
apina

flamingo
flamingo

hokwe
papukaija

bere
jääkarhu

penguin
pingviini

shaka
hai

hanti
riikinkukko

nyoka
käärme

ngwenya
krokotiili

muhlayisi wa mintanga ya
swiharhi
eläintarhanhoitaja

seal
hylje

jaguar
jaguaari

hanci
poni

yingwe
leopardi

mpfuvu
virtahepo

nhutlwa
kirahvi

gama
kotka

ngluve ya nhova
villisika

hlampfi
kala

mfutsu
kilpikonna

nyimpfu ya le lwandle
mursu

mhungubye
kettu

mhala
gaselli

bolo ya le Amerika
amerikkalainen jalkapallo

kufamba hi xi kanyakanya
pyöräily

tennis
tennis

basketball
koripallo

kuhlambela
uinti

ntlango wa ku bana
nyrkkeily

khororo ya le ayisini
jääkiekko

bolo

jalkapallo

badminton

sulkapallo

mintlango

yleisurheilu

bolo ya mavoko

käsipallo

kureta e gambokweni

hiihto

polo

poolo

tlula
hypätä

angara
halata

hleka
nauraa

famba
kävellä

yimbelela
laulaa

lora
unelmoida

khongela
rukoilla

ntswontswa
suudella

tsala
kirjoittaa

dirowa
piirtää

komba
näyttää

dlidlimeta
painaa

nyika
antaa

teka
ottaa

yi va

omistaa

endla

tehdä

ku va

olla

yima

seisoa

tsutsuma

juosta

koka

vetää

lahlela

heittää

wana

kaatua

hemba

maata

rindza

odottaa

rhwala

kantaa

tshama

istua

ambala

pukeutua

tlela

nukkua

pfuka

herätä

languta

katsoa

rila

itkeä

bana

silittää

kama

kammata

vulavula

puhua

twisisa

ymmärtää

vutisa

kysyä

yingisa

kuunnella

nwana

juoda

dyana

syödä

basisa

siivota

randza

rakastaa

sweka

keittää

chayela

ajaa

haha

lentää

tluta

purjehtia

hlaya

laskea

hlaya

lukea

hlaya

oppia

tirha

työskennellä

teka

mennä naimisiin

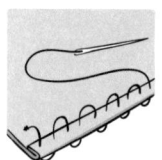

rhunga

ommella

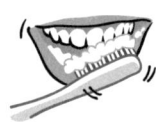

kuhlamba meno

pestä hampaat

dlaya

tappaa

dzaha

tupakoida

rhumela

lähettää

ana wa xisati
mo

kokwana wa xinuna
ukki

tatana
isä

mana
äiti

nwana
vauva

n'wana wa nwanyana
tytär

n'wana wa mfana
poika

muendzi

vieras

hahani

täti

malume

setä

makwerhu

veli

makwrhu

sisko

miri
vartalo

mombo
otsa
tihlo
silmä
katla
olkapää
ritiho
sormet
xikandza
kasvot
xilebvu
leuka
voko
käsi
bele
rinta
nenge
jalka
voko
käsivarsi

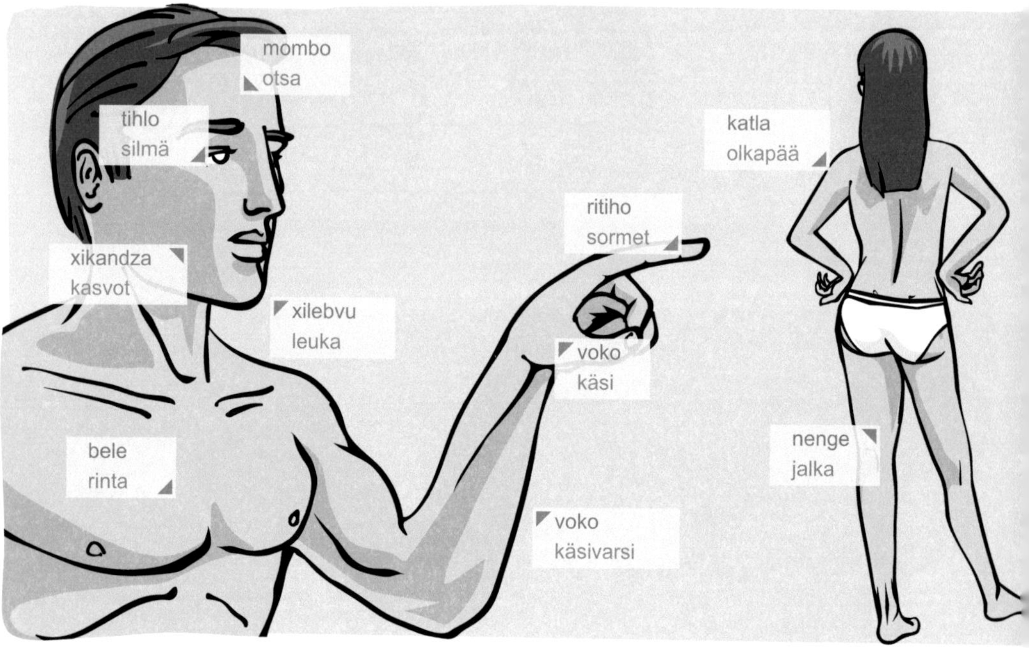

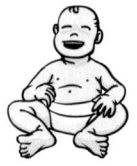

nwana

vauva

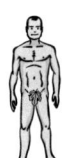

n'wanuna

mies

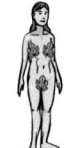

nw'ansati

nainen

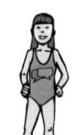

nhwanyana

tyttö

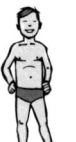

mfana

poika

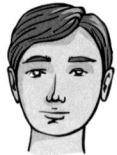

nhloko

pää

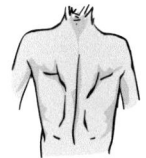

nhlana

selkä

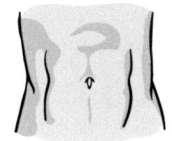

khwiri

maha

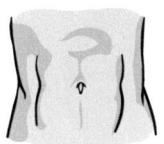

nkava

napa

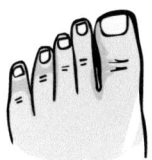

xikunwani

varvas

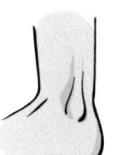

xirhenze

kantapää

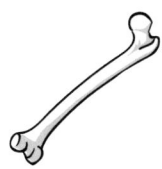

rhambu

luu

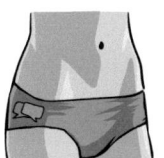

nyonga

lantio

tsolo

polvi

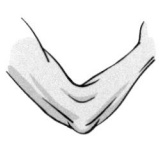

xikokola

kyynärpää

nompfu

nenä

xisuti

takapuoli

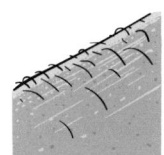

nhlonge

iho

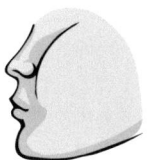

rhama

poski

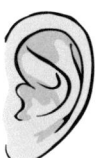

ndlebe

korva

nomu

huuli

nomu

suu

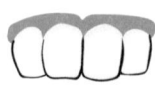

tinyo

hammas

ririmi

kieli

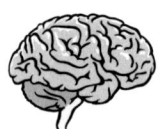

byongo

aivot

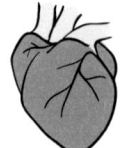

mbilu

sydän

nsiha

lihas

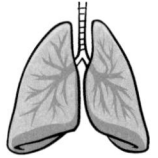

hahu

keuhkot

vixindzi

maksa

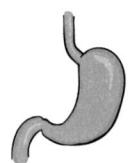

khwiri

vatsa

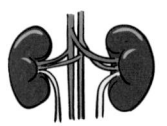

tinso

munuaiset

masangu

seksi

khondomu

kondomi

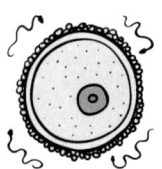

tandza

munasolu

mbewu ya vununa

sperma

nyimba

raskaus

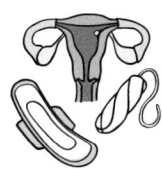

kuya enkarhini

kuukautiset

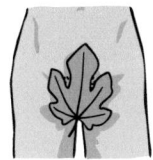

muhocho

vagina

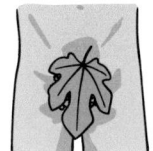

xiluma

penis

tinxiyi

kulmakarvat

misisi

hiukset

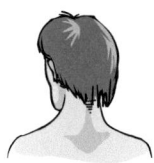

nhamu

niska

xibedlhele
sairaala

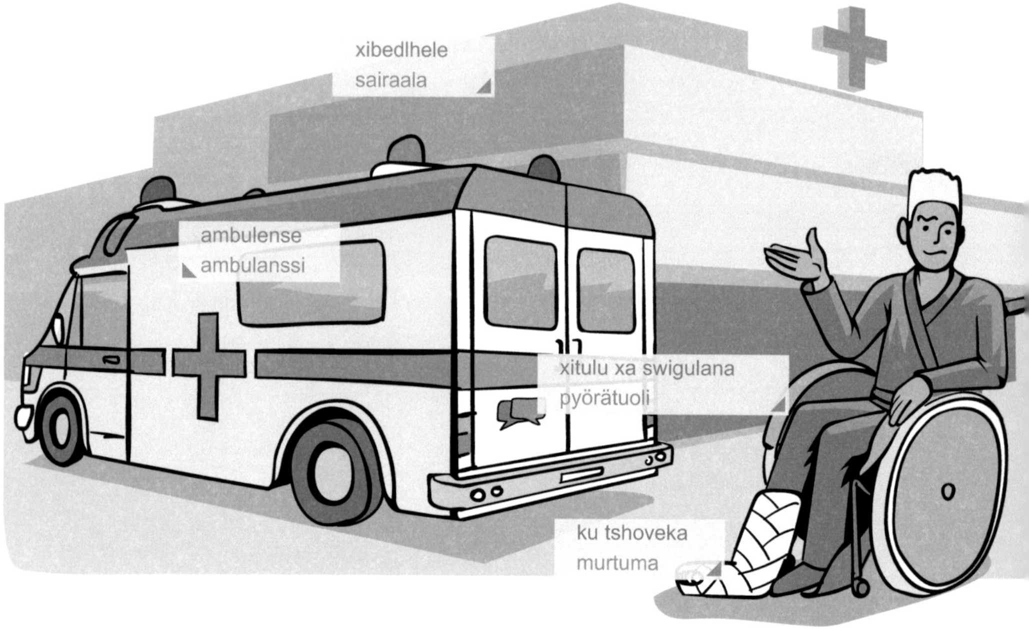

xibedlhele
sairaala
ambulense
ambulanssi
xitulu xa swigulana
pyörätuoli
ku tshoveka
murtuma

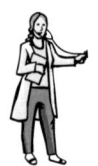

dokodela
lääkäri

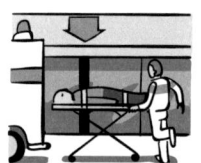

kamara ra xilamulela-mhango
ensiapu

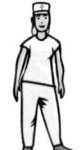

muongori
sairaanhoitaja

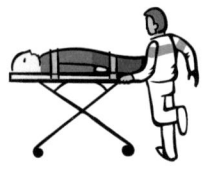

xihatla
hätätilanne

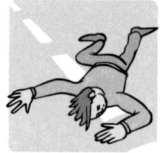

ku titivala
tajuton

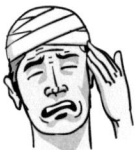

kuvava
kipu

ku vaviseka

vamma

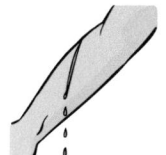

mpfempfa ngati

verenvuoto

ku hlaseriwa himbilu

sydänkohtaus

ku oma swirho

aivoinfarkti

rinyenyo

allergia

khohlola

yskä

xifumbu

kuume

mukhuhlwana

flunssa

nchuluko

ripuli

ku pandza ka nhloko

päänsärky

khensa

syöpä

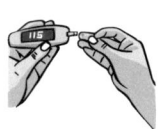

chukela

diabetes

dokodela

kirurgi

mukwana

veitsi

vuhandzuri

leikkaus

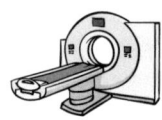

CT

ct

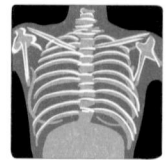

x-rheyi

röntgen

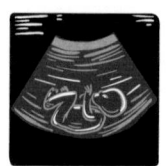

muchini wo yingisela
ntshuka-ntshuko

ultraääni

xo tipfala tinhomfu

maski

vuvabyi

sairaus

kamara ro rindza

odotushuone

nhonga

sauva

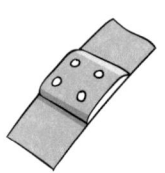

semendhe

laastari

bandhichi

side

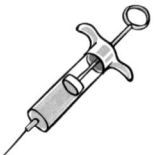

neleta

pistos

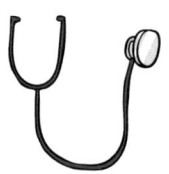

muchini wa madokodela wa
ku yingisa

stetoskooppi

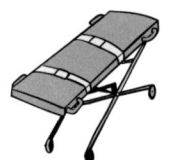

rihlaka

paarit

xipima-mahiselo

kuumemittari

ku veleka

syntymä

ku nyuhela

ylipaino

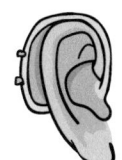

swipfuneta-ku-twa

kuulolaite

khemikhale yo dlaya
switsongwatsongwana

desinfiointiaine

switsongwatsongwana

infektio

xitsongwatsongwana

virus

HIV / AIDS

HIV / AIDS

miri

lääke

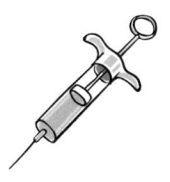

nayiti

rokotus

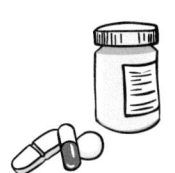

maphilisi

tabletit

pilisi

pilleri

riqingho ra xihatla

hätäpuhelu

muchini wo kamba
nsusumeto wa ngati

verenpainemittari

vabya / hanya

sairas / terve

Pfunani!

Apua!

bele

hälytys

ku hlaseriwa

ryöstö

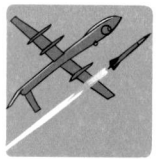

hlasela

hyökkäys

khombo

vaara

nyangwa wo huma loko ku ri ni mhango

hätäuloskäynti

Ndzilo!

Tulipalo!

xo tima ndzilo

palosammutin

mhangu

onnettomuus

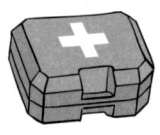

bokisi ra xilamulela-mhango

ensiapulaukku

SOS

SOS

phorisa

poliisilaitos

Yuropa

Eurooppa

Amerika N'walungu

Pohjois-Amerikka

Amerika Dzonga

Etelä-Amerikka

Afrika

Afrikka

Asia

Aasia

Australia

Australia

Atlantic

Atlantin valtameri

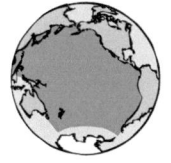

Pacific

Tyynimeri

Lwandle-nkulu ra Indiya

Intian valtameri

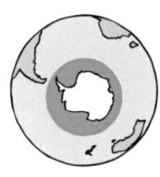

Lwandle-nkulu ra Antarctic

Eteläinen jäämeri

Lwandle-nkulu ra Arctic

Pohjoinen jäämeri

North Pole

pohjoisnapa

South Pole
etelänapa

Antarctica
Antarktis

Misava
maa

tiko
maa

lwandle
meri

xihlala
saari

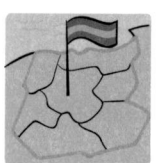

rixaka
kansa

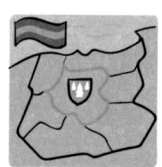

tiko
osavaltio

xikomba nkarhi

kellotaulu

xikomba-tiawara

tuntiviisari

xikomba-timineti

minuuttiviisari

xikomba-tisekoni

sekuntiviisari

I nkarhi muni?

Paljonko kello on?

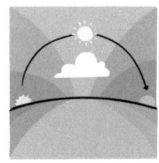

siku

päivä

nkarhi

aika

sweswi

nyt

wachi leyi tshavatelaka

digitaalikello

minete

minuutti

awara

tunti

viki
viikko

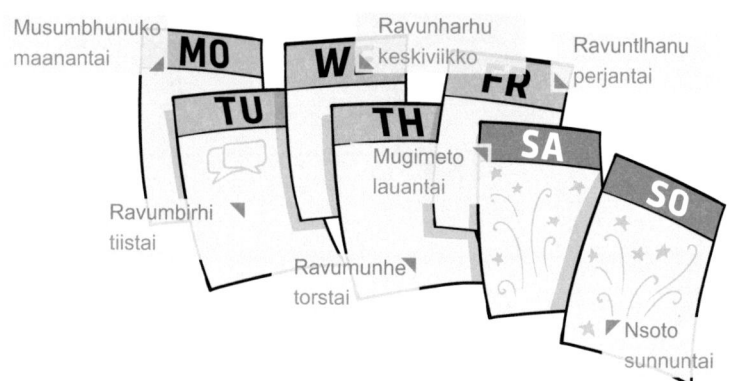

Musumbhunuko / maanantai — MO
Ravunharhu / keskiviikko — W
Ravuntlhanu / perjantai — FR
Ravumbirhi / tiistai — TU
Mugimeto / lauantai — TH, SA
Ravumunhe / torstai
Nsoto / sunnuntai — SO

tolo
eilen

namuntlha
tänään

mundzuku
huomenna

mixo
aamu

nhlekani
keskipäivä

madyambu
ilta

masiku ya ntirho
työpäivät

mahelo vhiki
viikonloppu

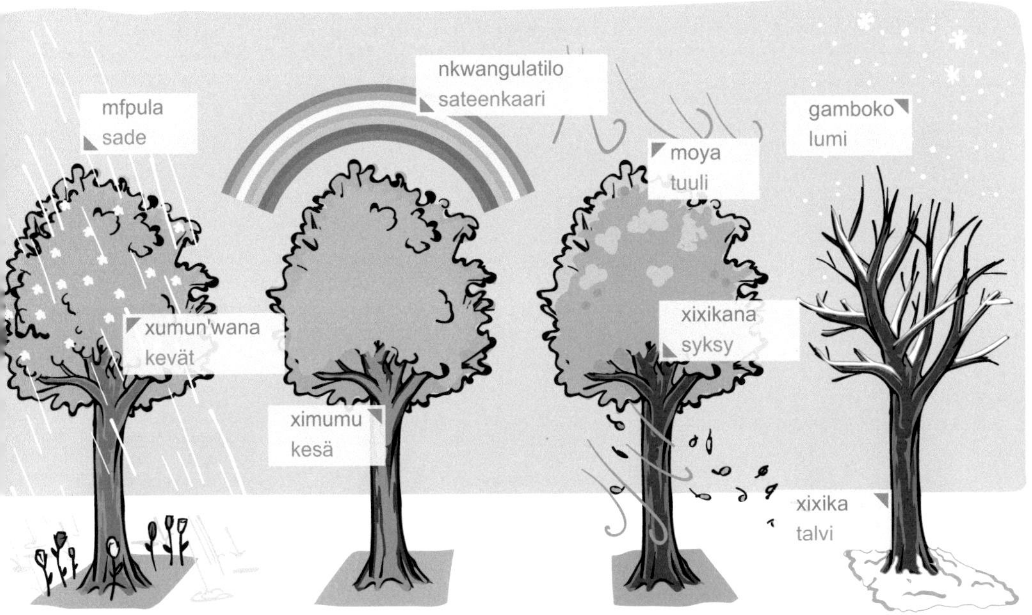

mfpula
sade

nkwangulatilo
sateenkaari

gamboko
lumi

moya
tuuli

xumun'wana
kevät

xixikana
syksy

ximumu
kesä

xixika
talvi

vumbha tamaxelo

sääennuste

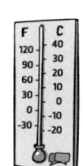

xipima-mahiselo

lämpömittari

dyambu

auringonpaiste

papa

pilvi

hunguva

sumu

kutsakama

ilmankosteus

rihati
salama

dzindza-tilo
ukkonen

xidzedze
myrsky

xihangu
rae

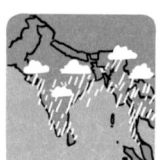

mpfula
monsuuni

ndhambi
tulva

ayisi
jää

Sunguti
tammikuu

Nyenyenyana
helmikuu

Nyenyankulu
maaliskuu

Dzivamusoko
huhtikuu

Mudyaxihi
toukokuu

Khotavuxika
kesäkuu

Mawuwani
heinäkuu

Mhawuri
elokuu

Ndzhati

syyskuu

Nhlangula

lokakuu

Hukuri

marraskuu

N'wendzamhala

joulukuu

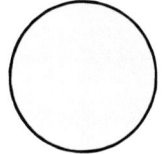

xirendzevutana

ympyrä

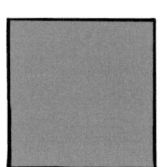

xikwere

neliö

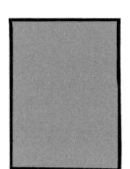

matlhelo ya mune

suorakulmio

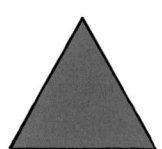

xivunguvungu xa tintlha tinharhu

kolmio

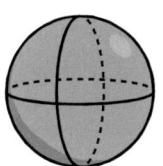

bolo

pallo

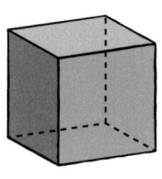

cube

kuutio

basa

valkoinen

xitshopana

keltainen

lamula

oranssi

tshwukanyana

vaaleanpunainen

tshwuka

punainen

xigunguvungu

violetti

wasi

sininen

rihlaza

vihreä

buraweni

ruskea

mpunga

harmaa

ntima

musta

swo tala / swi tsongo

paljon / vähän

hlundzukile / rhurile

vihainen / ystävällinen

sasekile / bihile

kaunis / ruma

masungulo / makumo

alku / loppu

kulu / tsongo

suuri / pieni

vangama / munyama

vaalea / tumma

buti / sesi

veli / sisko

basile / chakile

puhdas / likainen

helerile / helelangiki

täydellinen / epätäydellinen

siku / vusiku

päivä / yö

file / hanyaka

kuollut / elävä

pfulekile / pfalekile

leveä / kapea

swa dyiwa / a swi dyiwi

syötävä / syömäkelvoton

homboloka / lunghile

paha / kiltti

tsakile / phirekile

innostunut / tylsistynyt

nyuhela / lala

lihava / laiha

masungulo / makumo

ensimmäinen / viimeinen

mungana / nala

ystävä / vihollinen

tele / hava

täysi / tyhjä

tiyile / olova

kova / pehmeä

tika / vevuka

painava / kevyt

ndlala / torha

nälkä / jano

vabya / hanya

sairas / terve

swi ngariki enawini / enawini

laiton / laillinen

tlharihile / xiphukuphuku

älykäs / tyhmä

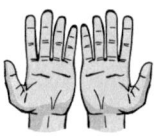

ximati / xinene

vasen / oikea

akusuhi / kule

lähellä / kaukana

yintshwa / tirhisiwile

uusi / käytetty

hava / xin'wana

ei mitään / jotain

dyuharile / muntshwa

vanha / nuori

xarirha / xitimile

päällä / pois päältä

pfurile / pfariwile

auki / kiinni

myerile / huwa

hiljainen / äänekäs

fuwile / xisiwana

rikas / köyhä

swinene / bihile

oikein / väärin

khwasha / reta

karhea / sileä

vaviseka / tsaka

surullinen / iloinen

koma / leha

lyhyt / pitkä

hlwela / hatlisa

hidas / nopea

tsakama / oma

märkä / kuiva

kufumela / titimela

lämmin / viileä

nyimpi / kurhula

sota / rauha

nomboro
numerot

0	**1**	**2**
noto	n'we	mbirhi
nolla	yksi	kaksi
3	**4**	**5**
nharhu	mune	ntlhanu
kolme	neljä	viisi
6	**7**	**8**
ntsevu	nkombo	nhungu
kuusi	seitsemän	kahdeksan
9	**10**	**11**
nkaye	khume	khume n'we
yhdeksän	kymmenen	yksitoista

12

khume mbirhi

kaksitoista

13

khume nharhu

kolmetoista

14

khume mune

neljätoista

15

khume ntlhanu

viisitoista

16

khume ntsevu

kuusitoista

17

khumbe nkombo

seitsemäntoista

18

khume nhungu

kahdeksantoista

19

khume nkaye

yhdeksäntoista

20

makhume mambirhi

kaksikymmentä

100

dzana

sata

1.000

gidi

tuhat

1.000.000

gidi ya magidi

miljoona

Xinghezi

englanti

Xinghezi xa Amerika

amerikanenglanti

Xichayina xa Mandarin

mandariinikiina

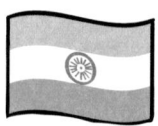

Xihindi

hindi

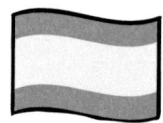

Xipaniya

espanja

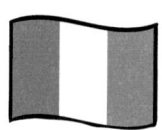

Xifurwa

ranska

Xiarabu

arabia

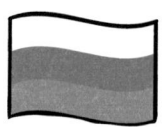

Xirhaxiya

venäjä

Xiputukezi

portugali

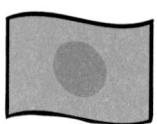

Xibengali

bengali

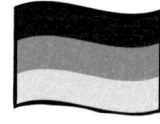

Xijarimani

saksa

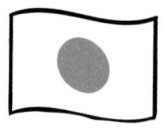

Xijapani

japani

mina

minä

wena

sinä

yena / yena / xona

hän

hina

me

n'wina

te

vona

he

mani?

kuka?

yini?

mitä / mikä?

njhani?

miten?

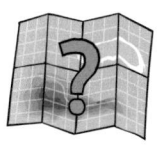

kwihi?

missä?

rhini?

milloin?

vito

nimi

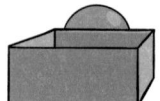

endzaku

takana

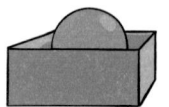

ahehla

sisällä

emahlweni a

edessä

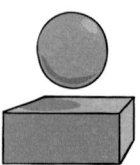

ahenhla ka

yläpuolella

eka

päällä

ehansi

alapuolella

handle ka

vieressä

exikarhi ka

välissä

ndhawu

paikka